66 días

Transforma Tu Mente | Transforma Tu Día

Un libro que te invita a la ACCIÓN.

DRA. MARGARITA ORTIZ

Primera edición
Autoeditado

Transformación y Salud
@transformacionysalud

Diseño de cubierta: Margarita Ortiz

66 días
Transforma Tu Mente | Transforma Tu Día

ISBN: 9798848853001
Black & White Copy
Publicado Independientemente
Impreso en Estados Unidos de América

+571-752-3352
©2022 Margarita Ortiz

Dios... gracias por inspirarme y escogerme como instrumento para animar, motivar y llevar esperanza a otros.

A mi familia por apoyarme mientras escribía el libro.

En especial dedico esta obra a mi sobrino Xavier Rafael que en Paz descanse. Gracias por inspirarme a llegar a las personas a través de las palabras escritas, donde la distancia no es un límite.

Finalmente, a USTEDES mi público por escoger leerme.

ESTE LIBRO PERTENECE A:

_____

COMPROMISO

Yo_____,

me comprometo a realizar semanalmente las acciones propuestas

en este libro. Llevaré a cabo cada una de ellas de manera

CONSCIENTE y responderé con honestidad cada pregunta poderosa

como parte de mi experiencia **TRANSFORMADORA**.

Hoy_____ de_____ de _____.

_____
Firma

TABLA DE CONTENIDO

TABLA DE CONTENIDO

PRÓLOGO

¿Transformación? Lo oyes por ahí, lo lees en diferentes blogs, libros, coaches o terapeutas lo usan... pero, ¿qué es?

La transformación es un proceso muy personal e individual, que ocurre a lo largo de nuestra vida y se relaciona más al hecho de que es un momento en el que "tocamos fondo" y necesitamos de un cambio importante y decisivo, en ocasiones esto se convierte en nuestra motivación.

En este libro, por los próximos 66 días podrás enfocarte en ti y en tu proceso de transformación. Podrás reflexionar sobre tu vida, en que etapa te encuentras, que deseas cambiar, que nuevas cosas quieres experimentar, en fin, es un compromiso contigo.

¿Por qué algunas personas parecen brillar, brillar y deslizarse por la vida, mientras que otras luchan solo por encontrar sus talentos ocultos? La realidad es que lo que piensas sobre ti mismo y tus habilidades puede jugar un papel muy importante en cómo es tu vida y cómo te presentas. Si bien todos trabajaron arduamente para lograr esos objetivos, las personas que alcanzaron algunos de los más grandes objetivos tenían algo en común. Todos tenían los pensamientos correctos y creían que podían lograrlo.

Por otro lado, la reflexión es la fuente del conocimiento. Es nuestro medio para aprender, para ayudarnos en la incertidumbre, para despejar nuestras dudas, encontrar soluciones a los problemas y crecer como personas.

PRÓLOGO

Entonces, ¿Por qué es importante reflexionar? La reflexión nos acerca a lo máximo que podemos ser como persona. Hacemos que nuestra experiencia esté llena de aprendizaje, nos ayuda a distinguir entre la verdad y la mentira. Las personas reflexivas aprenden de cualquier razonamiento. Tienden a conservar la calma, se adaptan a los hechos, son más ágiles para buscar soluciones, tienen confianza en sí mismos, son muy estimulantes para los interlocutores y son capaces de solventar antes sus problemas.

Precisamente esta es una de las metas de este libro; la Dra. Margarita Ortiz te invita a que puedas reflexionar, aceptar, agradecer, amar, perdonar, ayudarte a cambiar hábitos, crear nuevos y claro, mejorar la forma en la que piensas de ti y que decidas por una vida plena.

Si quieres que algo se convierta en un hábito, primero debes incluirlo en tu día. ¡Así que, a comenzar con esta rutina y dedicarle unos minutos al día! ¡Qué comience tu transformación!

Nancy Rivera

Coach & Autora

INTRODUCCIÓN

¿Por qué 66 días? Luego de una ardua revisión de literatura sobre el tema de los hábitos, encontré que la mayoría de los estudios concluyen que si una conducta se repite por un promedio de 66 días ya se puede instalar como un hábito en el ser humano.

Los hábitos se forman porque nuestro cerebro funciona a base de rutinas. Las rutinas son el mecanismo que tiene el cerebro para descansar y relajarse.

Charles Duhigg, creador de la teoría de los hábitos, explica en tres pasos la creación de un nuevo hábito. Lo primero es identificar las señales desencadenantes de la conducta, luego establecer una rutina repetitiva y finalmente seleccionar una recompensa que se ajuste a la nueva conducta.

En este libro quise compartir contigo frases inspiradoras para iniciar el día y que de esta manera comiences a transformar tu mente. Cada una de estas frases ha resonado conmigo y me ha permitido ver la vida desde otra perspectiva.

Te invito a que lo leas y que realices cada uno de los ejercicios y reflexiones. La idea es que puedas instalar en ti el hábito de realizar conductas que aporten a tu higiene mental, como lo son leer, pintar, dibujar, escribir, cantar, escuchar música, bailar, disfrutar del tiempo libre, agradecer y ser amable, entre otros.

Estoy segura que cada respuesta a las preguntas poderosas y cada acción que realices te acercarán a tu propósito, activarán la motivación dentro de ti y definitivamente aportarán a tu transformación.

¿CÓMO UTILIZO ESTE LIBRO?

Cada tema presentado en este libro incorporará una frase inspiradora que te invitará a la reflexión. Por otro lado, te motivará a tomar acción con respecto al tema que estemos trabajando esa semana. Igualmente, se te harán preguntas poderosas que deberás contestar con sinceridad. Estas serán el mecanismo para conectar con tu realidad, a la vez será la invitación al cambio. Se espera que puedas aplicar lo que vas aprendiendo y desarrollar hábitos de higiene mental permanentes en tu VIDA para de esta forma transformarla.

Marca con una **X** al lado de cada día junto a la acción completada. Posteriormente, según se te indique, escribirás una palabra que describa lo que sentiste al momento de llevar a cabo la acción solicitada. Recuerda hacer una reflexión sobre tu día en la noche antes de dormir.

Al final del libro he incluido una parte que le llamé: Herramientas de Bienestar. Encontrarás información adicional que te acompañará una vez finalices el proceso de 66 días para transformarte.

Semana 1

ACEPTACIÓN

Desde la psicología este concepto hace referencia a las personas que aprenden a vivir con sus virtudes, debilidades, aciertos y errores. Personas que aceptan su pasado, mas no se quedan ancladas a él, si no que miran con esperanza hacia el futuro, aprovechando las oportunidades que la vida le presenta cada día.

día 1

"La aceptación es hacer las paces con tu realidad"

-Rafael Vidac

Día 1:_____

Pregunta Poderosa:
¿Quién SOY?

_____

_____

_____

_____

_____

_____

_____

_____

_____

_____

_____

_____

_____

_____

_____

_____

_____

_____

día 2

"Ser hermoso significa ser tú mismo.
No necesitas ser aceptado por otros,
necesitas ser aceptado por ti mismo"
                                    -Thich Nhat Hanh

Día 2:_____

Preguntas Poderosas:

¿Cómo me veo?¿Cómo me gustaría verme?

_____
_____
_____
_____
_____
_____
_____
_____
_____
_____
_____
_____
_____
_____
_____
_____
_____

día 3

"Señor, concédeme la serenidad para aceptar las cosas que no puedo cambiar, valor para cambiar aquellas que puedo y sabiduría para reconocer la diferencia"

-San Francisco de Asís

Día 3:_____

Preguntas Poderosas:
¿Qué puedo cambiar de mí?¿Qué espero para moverme a la acción?

_____
_____
_____
_____
_____
_____
_____
_____
_____
_____
_____
_____
_____
_____
_____
_____
_____

dia 4

"Cuando consigues aceptarte a ti mismo, un mundo de oportunidades se abre ante tí"

-Anónimo

Día 4:_____

Pregunta Poderosa:
¿Qué me impide ver las oportunidades que la vida me está presentando?

_____

_____

_____

_____

_____

_____

_____

_____

_____

_____

_____

_____

_____

_____

_____

_____

_____

_____

día 5

"La paradoja es la siguiente: cuanto más me acepto como soy, más puedo mejorar"

-Carl Rogers

Día 5:_____

Pregunta Poderosa:
¿Qué es lo más que me gusta de mi forma de ser?

_____
_____
_____
_____
_____
_____
_____
_____
_____
_____
_____
_____
_____
_____
_____
_____
_____
_____
_____
_____

día 6

"Aceptarnos a nosotros mismos significa valorar nuestras imperfecciones tanto como nuestras perfecciones"

-Anónimo

Día 6:_____

Menciona tres (3) de tus fortalezas

1._____

2._____

3._____

Menciona dos (2) debilidades

1._____

2._____

día 7

Redacta tu propia frase de aceptación

"
_____

_____

"
_____

-_____

Día 7:_____

En una palabra, describe como te sentiste al redactar tu propia frase de ACEPTACIÓN.

_____

Semana 2

AGRADECIMIENTO

El AGRADECIMIENTO es la acción que surge de la GRATITUD y que es capaz de transformarnos a nosotros y a nuestro entorno. La gratitud es alimento para el alma y el espíritu.

día 8

"Cuando la gratitud es tan absoluta las palabras sobran"

-Álvaro Mutis

Día 8:_____

Menciona cinco (5) cosas por las cuales agradeces.

1._____

2._____

3._____

4._____

5._____

día 9

"La gratitud es la flor más bella que brota del alma"

-Henry Ward Beecher

Día 9:_____

Identifica tres (3) personas a las cuales agradeces, luego les escribirás un texto, un post, un mensaje o una carta dejándole saber el motivo de tu agradecimiento.

1._____

2._____

3._____

día 10

"Den gracias en todo, porque esta es la voluntad de Dios para ustedes en Cristo Jesús"

-1 Tes 5:18

Día 10:_____

Padre Celestial hoy te doy gracias por:

_____

_____

_____

_____

_____

_____

_____

_____

_____

_____

_____

_____

_____

_____

día 11

"Lo que separa el privilegio del derecho es la gratitud"

-Brené Brown

Día 11:_____

Hoy elijo:

_____

_____

_____

_____

_____

_____

_____

_____

_____

_____

_____

_____

_____

_____

_____

_____

_____

_____

día 12

"Una actitud de gratitud atrae grandes cosas"
-Yogi Bhajan

Día 12:_____

Pregunta Poderosa:
¿Qué quiero atraer a mi vida?

_____

_____

_____

_____

_____

_____

_____

_____

_____

_____

_____

_____

_____

_____

_____

_____

_____

_____

_____

_____

día 13

"Los años me han enseñado que siempre existe un motivo para agradecer."

-Emmanuel Torres

Día 13:_____

Pregunta Poderosa:
¿Qué es lo mejor que me pudiera suceder?

_____
_____
_____
_____
_____
_____
_____
_____
_____
_____
_____
_____
_____
_____
_____
_____
_____
_____
_____
_____

dia 14

"Cambia tu queja en agradecimiento y notarás tus bendiciones"

-Melany C. Torres

Día 14:_____

Escribe una queja. Luego transforma la queja en gratitud y escríbela.

Ej. Me duele mucho el pie. (queja)
Gracias Dios porque tengo pies y puedo caminar. (gratitud)

_____
_____
_____
_____
_____
_____
_____
_____
_____
_____
_____
_____
_____
_____
_____
_____

Semana 3

AMOR

Para mí el verdadero amor es DIOS, por lo que considero que el amor real y puro proviene de Él. También, considero que el amor, más que un sentimiento, es una decisión de bienestar. En cuanto al amor de pareja; lo pudiera definir como un sentimiento intenso que a su vez va ligado a una decisión de querer estar y ser testigo participe del otro. El amor combina los sentimientos de alegría y confianza.

día 15

" Porque de tal manera amó Dios al mundo, que ha dado a su Hijo unigénito, para que todo aquel que en él cree, no se pierda, mas tenga vida eterna"

-Juan 3:16

Día 15:_____

Hoy elijo:

_____
_____
_____
_____
_____
_____
_____
_____
_____
_____
_____
_____
_____
_____
_____
_____
_____
_____
_____
_____
_____

día 16

"Amados, amémonos unos a otros,
porque el amor es de Dios.
Todo aquel que ama ha nacido de Dios
y conoce a Dios. El que no ama, no conoce a Dios,
porque Dios es amor"

-Ira Juan 4:7

Día 16:_____

Para mí el AMOR es:

_____
_____
_____
_____
_____
_____
_____
_____
_____
_____
_____
_____

día 17

"El amor vive más de lo que da, que de lo que recibe"

-Concepción Arenal

Día 17:_____

Pregunta Poderosa:
¿Qué estoy dispuesto a dar por amor?

_____
_____
_____
_____
_____
_____
_____
_____
_____
_____
_____
_____
_____
_____
_____
_____
_____
_____
_____
_____
_____
_____
_____

día 18

> "Ni la ausencia del amor implica odio, ni la ausencia del odio garantiza el amor"
>
> -Brigitte Vasallo

Día 18:_____

Pregunta Poderosa:
¿De cuáles sentimientos está lleno mi CORAZÓN? Coloca dentro de este corazón los sentimientos que tienes dentro. Asígnale un tamaño. Al finalizar el dibujo debería parecer como un mapa. Obsérvalo y reflexiona sobre los sentimientos que más prevalecen dentro de ti.

día 19

"Solo podemos aprender a amar... amando"
-Iris Murdoch

Día 19:_____

Pregunta Poderosa:
¿De qué forma demuestro el AMOR? ¿A quién?

_____

_____

_____

_____

_____

_____

_____

_____

_____

_____

_____

_____

_____

_____

_____

_____

_____

_____

_____

_____

día 20

"El amor intenso no mide, sino que simplemente da"

-María Teresa de Calcuta

Día 20:_____

Hoy harás un acto de amor. Luego escribirás una palabra que describa lo que sentiste al hacerlo.

_____

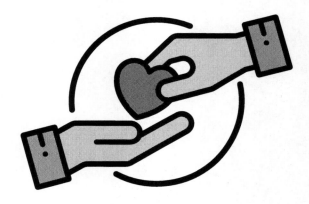

día 21

"No existen límites para el poder del amor"

-John Morton

Día 21:_____

Pregunta Poderosa:
¿Cómo es mi relación con el AMOR?

_____

_____

_____

_____

_____

_____

_____

_____

_____

_____

_____

_____

_____

_____

_____

_____

_____

_____

_____

Semana 4

AMOR PROPIO

Sentimiento, consideración, estima y valor que una persona siente por ella misma. El amor propio está ligado a muchos autos, los cuales te mencionaré a continuación: autoestima, autoconcepto, autoimagen, automotivación, autoconfianza, autovalía y autonomía. El amor propio es considerado por los expertos como un punto clave de la vida. Un amor propio solidificado te permite tomar buenas decisiones y a mantener sanas tus emociones.

día 22

"Enamórate de ti, de la vida, de lo que te rodea, de lo que haces, de quien eres"

-Walter Riso

Día 22:_____

Pregunta Poderosa:
¿Tengo una relación conmigo mismo?,¿De qué manera me demuestro el amor?

_____
_____
_____
_____
_____
_____
_____
_____
_____
_____
_____
_____
_____
_____
_____
_____
_____

día 23

"Ámate, es el mejor regalo que puedes darte"

-Margarita Ortiz

Día 23:_____

Pregunta Poderosa:
¿Cuándo fue la última vez que tuve una cita conmigo?

_____
_____
_____
_____
_____

¿Cómo me fue?

_____
_____
_____
_____
_____

Si aún no lo has hecho, te invito a que lo hagas esta semana y luego comentes aqui como te sentiste?

_____
_____
_____
_____
_____

día 24

"El amor propio arregla lo que otros rompen"

-Anónimo

Día 24:_____

Pregunta Poderosa:
¿Cómo se encuentra mi Corazón HOY?
 Marca con una **X** la imagen que mejor describa tu corazón.

día 25

"Riégate de amor propio y verás qué bonito floreces"

-Anónimo

Día 25:_____

Colorea este mándala. Mientras lo coloreas disfruta de la sensación de bienestar.

día 26

"El amor propio es la medicina perfecta para sanar el alma"

-Margarita Ortiz

Día 26:_____

Marca con una X todas las que te apliquen.

_____Me acepto como soy

_____Reconozco que soy único e irrepetible

_____Me trato con amor y respeto

_____Me regalo tiempo

_____Invierto en mi

_____ Otras:_____

día 27

"Date tú mismo TODO el amor que quisieras recibir"

-Anónimo

Día 27:_____

Pregunta Poderosa:
¿Qué es eso que tanto anhelo? ¿Quién me lo puede dar?

_____

_____

_____

_____

_____

_____

_____

_____

_____

_____

_____

_____

_____

_____

_____

_____

día 28

Redacta tu propia frase de AMOR

"
_____

_____

"
_____

-
_____

Día 28:_____

HOY...Exprésate eso que realmente quieres escuchar. Cuéntame
¿cómo te sentiste, luego de hablarte?

_____
_____
_____
_____
_____
_____
_____
_____
_____
_____
_____

Semana 5

FELICIDAD

La felicidad es una manera de vivir desde el ser. Es una forma optimista de observar las circunstancias que se te presentan en la vida, es darle sentido y significado a cada situación que experimentas. La felicidad es más que un estado de ánimo, la felicidad es una decisión que depende total y plenamente de TI.

día 29

"Ser Feliz depende de Ti"

-Ramiro Murillo

Día 29:_____

Pregunta Poderosa:

¿Qué elijo HOY?

_____

_____

_____

_____

día 30

"Si estás buscando la persona que te hará Feliz, mírate al espejo "

-Anónimo

Día 30:_____

Pregunta Poderosa:

¿Qué descubrí al mirarme al espejo?

_____

_____

_____

_____

_____

_____

_____

día 31

"Cuando aprendes a no darle a nadie el poder sobre
tu estado de ánimo y tus emociones...
Ya GANASTE"

-Anónimo

Día 31:_____

Pregunta Poderosa:

¿A quién le quito el poder sobre mí?

_____
_____
_____
_____
_____
_____
_____
_____
_____
_____
_____
_____
_____
_____

día 32

"Elijo ser Feliz por amor a mi"

-Emmanuel Torres

Día 32:_____

Hoy decido cuidar mi cuerpo, cuidar mis emociones, elegir personas vitaminas por amor a mí.

Hoy comenzaré a cuidar mi cuerpo haciendo:_____

Hoy cuidaré mis emociones de esta manera:_____

Dos (2) personas vitaminas en mi vida son:

1._____

2._____

dia 33

"¿Eres Feliz? Si la respuesta es SI,
entonces, continúa haciendo lo mismo.
Si la respuesta es NO es momento de cambiar algo"

-Anónimo

Día 33:_____

Pregunta Poderosa:

¿Qué estoy dispuesto a cambiar?

_____
_____
_____
_____
_____
_____
_____
_____
_____
_____
_____
_____

día 34

"La Felicidad Plena
solo la alcanzas cuando desarrollas una relación de INTIMIDAD con Dios"

-Margarita Ortiz

Día 34:_____

Pregunta Poderosa:

¿Qué cosas hago para tener una relación de intimidad con Dios?

_____

_____

_____

_____

_____

_____

_____

_____

_____

_____

_____

_____

_____

_____

día 35

"Cuando una puerta se cierra a la Felicidad, otra se abre"
-Helen Keller

Día 35:_____

Pregunta Poderosa:

¿Cuál es la siguiente puerta que abriré?

_____

_____

_____

_____

_____

_____

_____

_____

_____

_____

_____

_____

_____

_____

_____

Semana 6

MOTIVACIÓN

Esta palabra viene del latín "motivus" que significa movimiento. Y es que precisamente eso es lo que provoca la motivación en los seres humanos, el que nos movamos a la acción. La motivación es esa fuerza interna que nos empuja a realizar las cosas.

día 36

"Siempre hay un motivo para vivir, ¿Cuál es el tuyo?"

-Anónimo

Día 36:_____

Pregunta Poderosa:

¿Qué te motiva a levantarte en las mañanas?

_____

_____

_____

_____

_____

_____

_____

_____

_____

_____

_____

_____

_____

_____

_____

día 37

"Yo creo en Ti, la pregunta es...¿Tú crees en Ti?"

-Margarita Ortiz

Día 37:_____

Pregunta Poderosa:

¿Qué necesito para moverme a la acción?

_____

_____

_____

_____

_____

_____

_____

_____

_____

_____

_____

_____

_____

_____

_____

_____

día 38

"No hay fórmulas secretas para el éxito.
Es el resultado de tu preparación, trabajo duro
y aprender de los errores"

-Colin Powell

Día 38:_____

Pregunta Poderosa:

¿Qué voy a hacer para alcanzar la meta?

_____

_____

_____

_____

_____

_____

_____

_____

_____

_____

_____

_____

día 39

"Cuando todo parece ir en tu contra,
recuerda que el avión despega con viento en contra,
no a favor"

-Henry Ford

Día 39:_____

Pregunta Poderosa:

¿Qué recursos poseo que me ayuden a alcanzar mi meta?

_____

_____

_____

_____

_____

_____

_____

_____

_____

_____

_____

_____

_____

día 40

"Cero excusas, la disciplina es lo que te ayudará a lograr lo que te propongas"

-Matthew A. Torres

Día 40:____

Pregunta Poderosa:

¿Qué o quién me detiene?

_____

_____

_____

_____

_____

_____

_____

día 41

"La gente no aprovecha las oportunidades porque el momento es malo, la parte financiera insegura. Demasiada gente analiza demasiado. A veces sólo hay que ir a por ello"

-Michelle Zatlyn

Día 41:_____

Hoy me lanzo a:

_____

_____

_____

_____

_____

_____

_____

_____

_____

_____

_____

_____

_____

_____

_____

_____

_____

día 42

"La motivación es lo que te hace empezar.
El hábito es lo que te mantiene en marcha"

-Jim Rohn

Día 42:_____

Pregunta Poderosa:

¿Qué hábitos tengo? ¿Están alineados con mi propósito?

_____

_____

_____

_____

_____

_____

_____

_____

_____

_____

_____

_____

_____

_____

Semana 7

PERDÓN

La palabra "perdonar" viene del latín perdonare y significa "dar completamente, olvidar una falta, librar de una deuda". Perdonar se considera un atributo divino. El perdonar es una acción liberadora para el corazón.

día 43

" Al practicar el arte de soltar y dejar ir, recibirás y sentirás PAZ"

-Margarita Ortiz

Día 43:_____

Pregunta Poderosa:

¿Qué decido soltar?

_____

_____

_____

_____

_____

_____

_____

_____

_____

_____

_____

_____

_____

_____

día 44

"Perdonar es decir te libero,
pero también, es decir, te puedes ir"

-Anónimo

Día 44:_____

Hoy elijo soltar:

_____
_____
_____
_____
_____
_____

dia 45

" No sirve de nada quitarse el zapato o cambiar de camino, si conservas la Piedra"

-Anónimo

Día 45:_____

Preguntas Poderosas:

¿Qué emociones hay dentro de mí en este instante?¿Cuándo hablo de ellas?

_____

_____

_____

_____

_____

_____

_____

dia 46

"Perdonar nos permite
sanar el alma y aligerar nuestra mente"

-Anónimo

Día 46:_____

Pregunta Poderosa:

¿A quién te gustaría perdonar?

_____

_____

_____

_____

_____

_____

_____

_____

_____

_____

_____

_____

_____

_____

día 47

"Perdonar es un acto de autocompasión y amor propio"

-Anónimo

Día 47:_____

Hoy me perdono a mí mismo por:

_____

_____

_____

_____

_____

_____

_____

_____

_____

_____

_____

_____

_____

_____

_____

día 48

" El que perdona la ofensa cultiva el amor;
el que insiste en la ofensa divide a los amigos"

-Proverbios 17:9

Día 48:_____

Hoy perdono a _____ por_____

_____

_____

_____

_____

_____

_____

_____

_____

_____

_____

_____

_____

_____

_____

_____

día 49

"Más bien, sean bondadosos y compasivos unos con otros, y perdónense mutuamente, así como Dios los perdonó a ustedes en Cristo"

-Efesios 4:32

Día 49:_____

Hoy haré un acto de bondad con alguien desconocido. Luego escribiré cual fue el acto realizado y en una palabra describiré cómo me sentí.

_____
_____
_____
_____
_____
_____
_____
_____
_____
_____
_____
_____
_____

Semana 8

SALUD

La Salud es un estado de perfecto (completo) bienestar físico, mental, social y no solo la ausencia de la enfermedad. De esta manera lo define la Organización Mundial de la Salud (OMS). Es necesario mantener una visión holística del ser humano y procurar buscar un balance dinámico en cada una de las áreas de nuestra vida.

día 50

"La Salud es la mayor posesión. La alegría es el mayor tesoro. La confianza es el mayor amigo"

-Lao Tzu

Día 50:_____

Pregunta Poderosa:

¿Cómo está mi salud física y emocional?

_____
_____
_____
_____
_____
_____
_____
_____
_____
_____
_____
_____
_____
_____

día 51

"Invertir en tu salud física y emocional producirá grandes y sorprendentes beneficios"

-Margarita Ortiz

Día 51:_____

Pregunta Poderosa:
¿Cuándo fue la última vez que invertí en mí?

_____
_____
_____
_____
_____
_____
_____
_____

día 52

"Acostarse y levantarse temprano hace a un hombre sabio, rico y saludable"

-Anónimo

Día 52:_____

Mi rutina diaria comienza...

_____

_____

_____

_____

_____

_____

_____

_____

_____

_____

_____

_____

_____

_____

_____

día 53

"Mi actitud frente a la vida y la forma en que suelo interpretar los eventos afecta directamente mi salud física, emocional y espiritual"

-Margarita Ortiz

Día 53:_____

Pregunta Poderosa:
¿Cómo reacciono física y emocionalmente ante los estresores de la vida?

_____
_____
_____
_____
_____
_____
_____
_____
_____
_____
_____
_____
_____
_____
_____
_____

día 54

"Cuando no tenemos en balance nuestras emociones, la salud en general se afecta"

-Margarita Ortiz

Día 54:_____

Pregunta Poderosa:
¿Soy fuerte física y emocionalmente?¿Como ejercito mi cuerpo y mi mente?

_____
_____
_____
_____
_____
_____

día 55

"El estado de tu vida no es más que un reflejo del estado de tu mente"

-Wayne Dyer

Día 55:_____

Pregunta Poderosa:

¿Qué cosas hago para cuidar mi salud en general?

_____

_____

_____

_____

_____

_____

_____

_____

_____

_____

_____

_____

_____

día 56

"La mente es tan poderosa que, así como te enferma, te puede sanar"

-Marta A. Rosa

Día 56:_____

Pregunta Poderosa:

¿Quién controla mis emociones y mi mente?

_____

_____

_____

_____

_____

_____

_____

_____

_____

_____

_____

_____

_____

Semana 9

VIDA

Vida viene del latín "vita" y hace referencia al espacio de tiempo que transcurre desde el momento de la concepción hasta la muerte. Vida es todo aquello que respira. Está en nosotros tener una vida plena.

día 57

"Para avanzar en la Vida, hay que sacar las cargas de más... de esta manera nada te detendrá"

-Ángel F. Resto

Día 57:_____

Pregunta Poderosa:

¿Qué puedo hacer para alivianar mi carga?

_____

_____

_____

_____

_____

_____

_____

_____

_____

_____

_____

_____

_____

_____

día 58

"La Vida es un reto: vívela, siéntela, ama, ríe, llora, juega, tropieza, pero, sobre todo, levántate y sigue"

-Anónimo

Día 58:_____

Haz un dibujo y coloréalo de lo que representa para ti la VIDA.

día 59

"La Vida es un balance entre mantener, adquirir y el soltar"

-Anónimo

Día 59:_____

Pregunta Poderosa:

¿Qué puedo dejar a un lado para buscar mi equilibrio?

_____

_____

_____

_____

_____

_____

_____

_____

_____

_____

_____

_____

_____

día 60

"Solo Yo puedo hacer algo por MI y nadie más que YO soy el responsable de mi VIDA"
-Anónimo

Día 60:_____

Pregunta Poderosa:

Redacta una lista de diez (10) cosas que siempre has querido hacer y aún no has hecho. Al lado de cada una coloca la fecha en la cual la realizarás. Comienza cada oración con la siguiente frase: Voy a...

1._____

2._____

3._____

4._____

5._____

6._____

7._____

8._____

9._____

10._____

día 61

"Vive con Intensidad y Pasión,
aprendiendo a disfrutar del momento presente"
-Margarita Ortiz

Día 61:_____

En este instante ¿Qué haces? Te invito a tomar una inhalación profunda, sostenla por tres (3) segundos, ahora llena tus pulmones de aire, siente la respiración y nota que estás vivo. Agradece y disfruta de la sensación de bienestar. Repite el ejercicio en dos (2) ocasiones.

Pregunta Poderosa:
¿Cómo me sentí al hacer este ejercicio?

_____

_____

_____

día 62

"Llena tu Vida de música, la música es aliciente para el alma y el espíritu"
-Margarita Ortiz

Día 62:_____

Si YO fuera una canción sería_____

Explica tu respuesta.

_____

_____

_____

_____

_____

Pon la canción y baila....disfruta del momento...permítele a tu cuerpo moverse libremente. Comparte la experiencia. ¿Cómo me sentí con este ejercicio?

_____

_____

_____

_____

_____

_____

día 63

"Lo que hagas HOY puede mejorar todas tus mañanas"

-Ralph Marston

Día 63:_____

Redacta tu propia afirmación. Debe ser una afirmación positiva que sea congruente con tus valores y con aquello que quieres lograr.

_____

_____

_____

_____

_____

_____

_____

_____

_____

_____

_____

_____

_____

Semana 10

PLENITUD

Plenitud significa estar lleno a capacidad, repleto, completo, saciado y saturado. Plenitud significa vivir en el momento presente, haciéndote consciente cada día de cada experiencia. Vivir a Plenitud es vivir desde el amor y la gratitud.

día 64

"Tres palabras que traerán Plenitud y Bienestar a tu Vida: Por favor, Gracias y Perdón"

-Anónimo

Día 64:

Hoy utilizarás estas tres (3) palabras. Luego comenta como te fue.

_____

_____

_____

_____

_____

_____

_____

_____

_____

_____

_____

_____

_____

día 65

"Detrás de las cosas simples de la Vida se esconden momentos de alegría y plenitud."

-Margarita Ortiz

Día 65:_____

Comparte tres (3) momentos de alegría que has experimentado a lo largo de tu vida. Describe lo que sientes al recordarlo.

_____

_____

_____

_____

_____

_____

_____

_____

_____

_____

_____

_____

_____

día 66

"Vivir a PLENITUD es vivir desde el AMOR y la GRATITUD"
-Margarita Ortiz

Día 66:_____

¡FELICIDADES! Acabas de completar los 66 días de Transformación.
El ejercicio final requiere que en las próximas dos páginas dibujes
tus dos manos. En la mano izquierda vas a escribir en cada uno de
los dedos hábitos que sacaste de tu vida mientras hacías este
recorrido. En la mano derecha escribirás en cada uno de los dedos
hábitos a los que le das la bienvenida a tu vida.

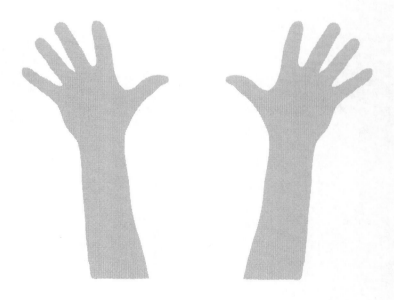

Dibujo Mano Izquierda

Hábitos que saco de mi vida

Dibujo Mano Derecha

Hábitos que recibo en mi vida

Herramientas de Bienestar

INFORMACIÓN ADICIONAL

En esta parte encontrarás herramientas adicionales tales como: cuestionario, mapa de concepto, hoja de cotejo del bienestar y otras recomendaciones que aportarán a tu proceso de transformación. Los recursos disponibles en esta parte son didácticos. Los mismos fueron diseñados por la autora del libro. Esperamos te sean de gran utilidad.

5 IDEAS FUNDAMENTALES PARA LA TRANSFORMACIÓN

1 La respiración es vida, por lo que mantener una respiración intencionada te permitirá vivir en armonía.

2 Aceptar de ti aquellas cosas que no puedes cambiar y cambiar aquellas que si puedas.

3 Tener claro que lo que se siente en la mente se manifiesta en tu cuerpo, por lo que solo tú tienes el control.

4 Cualquier cambio que hagamos en nuestro interior actuará en nuestro exterior.

5 Incorporar cambios no es sencillo, pero se puede.

CUESTIONARIO SEHM

El objetivo principal del cuestionario es proveerles una idea de donde se encuentran en este momento con relación a los hábitos de salud e higiene mental. Es importante señalar que el instrumento fue diseñado con fines didácticos.

CUESTIONARIO DE SALUD E HIGIENE MENTAL (SEHM)
(M. ORTIZ, 2021)

Datos Sociodemográficos del Participante

Fecha: _____ Edad: _____ Género: _____
Profesión: _____ Provincia: _____

Instrucciones: El Cuestionario SEHM que le presentamos a continuación contiene una serie de premisas relacionadas a los hábitos de salud e higiene mental. Nos gustaría conocer cuales de las actividades presentadas usted práctica con regularidad.

Conteste con una **(X)** en la columna que mejor represente su respuesta. Por favor no deje ninguna premisa sin contestar. Este ejercicio le ayudará a conocer como se encuentra en cada una de las categorías correspondientes a la salud e higiene mental. Esto le permitirá incorporar los ajustes necesarios para mejorar en alguna de las áreas consideradas.

Las respuestas de SI valen un (1) punto y son las que contabilizará para fines de categorizar.

1. NECESIDADES BÁSICAS	SI	No
1. Come frutas, viandas y vegetales la mayor parte del tiempo.		
2. Cocina al vapor o al horno.		
3. Duerme de 6 a 8 horas corridas.		
4. Sostiene relaciones sexuales mínimo una vez a la semana.		
5. Cuando tiene relaciones sexuales alcanza el orgasmo.		

TOTAL DE RESPUESTAS DE SI_____

CUESTIONARIO DE SALUD E HIGIENE MENTAL (SEHM)
(M. ORTIZ, 2021)

Continuación:

2. ESTILOS DE VIDA SALUDABLES	SI	No
1. Se ejercita 30 minutos mínimos diariamente.		
2. Consume agua la mayor parte del tiempo.		
3. Medita por lo menos 15 minutos diariamente.		
4. Se siente cómodo con usted mismo la mayor parte del tiempo		
5. Realiza actividades para manejar el estrés.		
6. Se ríe al menos una vez al día		
7. Mantiene su higiene corporal.		

TOTAL DE RESPUESTAS DE SI_____

CUESTIONARIO DE SALUD E HIGIENE MENTAL (SEHM)
(M. ORTIZ, 2021)

Continuación:

3. GESTIÓN DE LAS EMOCIONES	SI	No
1. Se siente satisfecho con su vida la mayor parte del tiempo.		
2. En algún momento durante el día agradece.		
3. Sabe reconocer cuando algo le está molestando.		
4. Puede expresar sus emociones con facilidad.		
5. Reflexiona sobre sus acciones diarias.		

TOTAL DE RESPUESTAS DE SI_____

Continuación:

4. RELACIONES PERSONALES	SI	No
1. Mantiene amistades a través de los años.		
2. Se considera una persona con muchos amigos.		
3. Se rodea de personas optimistas.		
4. Mantiene buenas relaciones interpersonales la mayor parte del tiempo.		
5. Utiliza la comunicación como herramienta para el manejo del conflicto.		

TOTAL DE RESPUESTAS DE SI_____

CUESTIONARIO DE SALUD E HIGIENE MENTAL (SEHM)
(M. ORTIZ, 2021)

Continuación:

5. ACTIVIDAD CEREBRAL	SI	No
1. Escucha música que le hace sentir bien.		
2. Disfruta de lecturas de autoayuda.		
3. Procura aprender algo nuevo todos los días.		
4. Disfruta de hacer palabragramas, crucigramas, etc.		
5. Casi siempre culmina las tareas que inicia.		

TOTAL DE RESPUESTAS DE SI_____

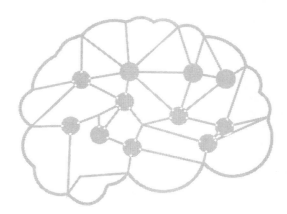

CUESTIONARIO DE SALUD E HIGIENE MENTAL (SEHM)
(M. ORTIZ, 2021)

Interpretación

Instrucciones: Sume la cantidad de respuestas afirmativas por cada categoría. Luego ubicará con una **(X)** el total de las respuestas en la tabla, el cual le dejará saber el resultado. La misma tabla le dejará saber a que área deberá prestar mayor atención. De esta forma podrá comenzar a incorporar cambios.

NECESIDADES BÁSICAS	ESTILOS DE VIDA SALUDABLES	GESTIÓN DE EMOCIONES
5-4 - Esperado ___	7-5 - Esperado ___	5-4 - Esperado ___
3 - Mejorar ___	4- Mejorar ___	3 - Mejorar ___
2 o < ALERTA ___	3 o < ALERTA ___	2 o < ALERTA ___

RELACIONES PERSONALES	ACTIVIDAD CEREBRAL
5-4 - Esperado ___	5-4 - Esperado ___
3 - Mejorar ___	3 - Mejorar ___
2 o < ALERTA ___	2 o < ALERTA ___

*Si tiene ALERTA en tres categorías o más es momento de buscar ayuda profesional.

MAPA CONCEPTUAL
HIGIENE MENTAL

El mapa de concepto te permitirá visualizar cada una de las áreas que se contemplan en la higiene mental y que cosas hacer para fomentar la misma. La higiene mental es un hábito que debemos desarrollar para limpiar y filtrar nuestra mente de las cosas tóxicas que no aportan a nuestras vidas. También, te permite prevenir problemas de salud mental.

HIGIENE MENTAL

Satisfacción de Necesidades Básicas

- Alimentación balanceada
- Dormir de 6 a 8 horas
- Relaciones Sexuales Satisfactorias

Gestión de Emociones

- Reconocer, identificar y mantener control sobre las emociones.
- Manejo y expresión de los sentimientos.
- Reflexionar sobre sus acciones al culminar su día.

Mantener Activo el Cerebro

- Alimenta tu mente de música, lecturas y visuales positivos.
- Enfócate en los pensamientos positivos.
- Ejercita tu cerebro aprendiendo algo nuevo todos los días, haz crucigramas, palabragramas, en fin rétalo.
- Culmina las tareas y proyectos que inicies.

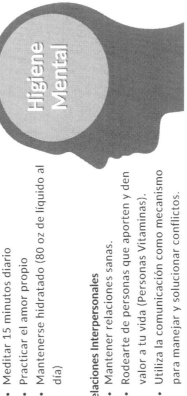

Estilos de Vida Saludables

- Ejercicio 30 minutos diarios
- Alimentación balanceada
- Meditar 15 minutos diario
- Practicar el amor propio
- Mantenerse hidratado (80 oz de líquido al día)

Relaciones Interpersonales

- Mantener relaciones sanas.
- Rodearte de personas que aporten y den valor a tu vida (Personas Vitaminas).
- Utiliza la comunicación como mecanismo para manejar y solucionar conflictos.

HOJA DE COTEJO DEL BIENESTAR

La hoja de cotejo es una herramienta que puedes replicar y utilizar como un diario. Te permitirá monitorear, medir tu progreso y evaluar conscientemente cuales prácticas aún debes fortalecer.

BIENESTAR

Hoja de cotejo

Fecha: _____

☐ Agradecer

☐ Abrazar

☐ Meditar

☐ Mantenerse hidratado

☐ Hacer ejercicios

☐ Escuchar música

☐ Reírse

☐ Leer una afirmación positiva

☐ Besar

☐ Hacer algo que te gusta

☐ Espacio de intimidad con Dios

☐ Comer sano

☐ Acto de bondad

☐ _____

☐ _____

5 PASOS PARA INTIMAR CON DIOS

1 Nota cada día los **regalos de amor** que Dios te hace. El primero es el de levantarte cada mañana. Luego agradece.

2 Personaliza la **palabra de Dios**. A través de ella Dios te habla.

3 Escríbele cartas de amor, agradecimiento, peticiones, en fin de lo que quieras. Ora. Lleva un **diario** y luego observa como Él va respondiendo las peticiones de tu corazón.

4 **Contempla su obra** . Disfruta de la naturaleza.

5 **Alábale** por su grandeza, **adórale** y pasa tiempo a solas con Él.

REFLEXIÓN FINAL

Espero que hayas disfrutado del proceso de conectar contigo por estos 66 días. Te agradezco por aceptar la invitación a transformar tu mente y tu día. Gracias por tu compromiso. El haber transitado por esta experiencia confirma que tienes amor propio. Quítale la autoridad al miedo, la incertidumbre, la tristeza y a la ansiedad, pues eres tú quien tiene el control sobre tu vida. Te comparto unas recomendaciones finales que se que aportarán a que continues tu caminar hacia una vida plena.

Recuerda:
- Todos los días agradecer por lo que tienes y lo que tendrás.
- Realiza una actividad diaria que te conecte con tu propósito en la vida.
- Realiza una actividad diaria que te haga sentir útil.
- Realiza una actividad diaria que te haga sentir placer.
- Ríe, abraza y besa diariamente.
- Cultiva una relación de intimidad con Dios.

Para concluir quiero regalarte una frase final escrita por Lao Tzu que lee así: *"Cuida tus pensamientos, ellos se convierten en palabras. Cuida tus palabras, ellas se convierten en acciones. Cuida tus acciones, ellas se convierten en hábitos. Cuida tus hábitos, ellos se convierten en carácter. Cuida tu carácter, él se convierte en tu destino"*.

Recuerda que si mantienes los hábitos de higiene mental y sigues las recomendaciones, no solo tu calidad de vida mejorará, habrás "Alcanzado la Plenitud ".

AGRADECIMIENTOS

Quiero agradecer a mis hermanas Bethzaida y Valery quienes me animaron a escribir este libro.

A Nancy Rivera, coach, escritora y emprendedora quien fue la autora del Prólogo, además de guiarme en el proceso de desarrollo del libro.

Agradezco a mi esposo Emmanuel y mi mamá Marta quienes fungieron como editores. Agradezco a mi Papá Rafy quien siempre ha creído en mí. A mis suegros , familiares y amigos que no se pueden quedar atrás gracias por responder a mi llamado y colaborar con algunas de las frases inspiradoras que leíste en este libro, ellos son:

- Ángel F. Resto
- Emmanuel Torres
- Marta A, Rosa
- Matthew A. Torres
- Melany C. Torres
- Ramiro Murillo

Para concluir GRACIAS a TI que me leíste y te diste la oportunidad de hacer esta reflexión, te invito a que lo compartas con otros.

¡Gracias!

HASTA NUESTRO PRÓXIMO ENCUENTRO

Dra. Margarita Ortiz

@transformacionysalud

La Dra. Margarita Ortiz

Otros Títulos...

- Protocolo de Evaluación para Profesionales en Casos de Adjudicación de Custodia: Procedimiento Uniforme

- Manual de Autoayuda: Los 4 pasos para Alcanzar la Plenitud

- Cuaderno Celebra la Vida: Reto de 8 días

- Guía Práctica: Risoterapia en el Manejo de Crisis

Made in the USA
Columbia, SC
05 October 2022

68862906R00104